Regina Miethke

D1985752

Fensterbäume für Advent & Weihnachten

CHRISTOPHORUS

BRUNNEN-REIHE

Seit mehr als 30 Jahren steht der Name „Christophorus“ für kreatives und künstlerisches Gestalten in Freizeit und Beruf. Genauso wie dieser Band der Brunnen-Reihe ist jedes Christophorus-Buch mit viel Sorgfalt erarbeitet: Damit Sie Spass und Erfolg beim Gestalten haben – und Freude an schönen Ergebnissen.

ISBN 3-419-56072-9

Lektorat: Maria Möllenkamp, Freiburg
Fotos: Roland Krieg, Waldkirch,
Titelbild, Seite 6/7, 29
Christoph Schmotz, Freiburg,
Seite 5, 8-27, 30/31
Umschlaggestaltung: Network!, München
Produktion: Print Production, Umkirch
Druck: Freiburger Graphische Betriebe 1999

Christophorus
Bücher mit Ideen

Inhalt

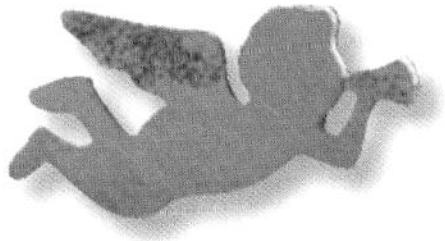

Weihnachtliche Fensterbäume

Angeregt durch die verschiedenen Grundgestelle und die vielen schönen Materialien für ihre Dekoration, möchte ich Ihnen Ideen für die Gestaltung von Fensterbäumen zur Weihnachtszeit vorstellen. Am Fenster oder auch auf dem Tisch sind diese Fensterbäume eine besondere, stimmungsvolle Deko-Idee. Sie können in jeder Größe und Farbe ganz nach Ihrem persönlichen Geschmack gestaltet werden. Auch als Geschenk wird ein schön verzierter Baum immer viel Freude bereiten.
Ursprünglich stammt der „Friesenbaum“ von den nordfriesischen Inseln Amrum und Föhr. Hier wurde ab dem Jahr 1850 der Weihnachtsbaum in dieser besonderen Art gestaltet. Die Inseln besaßen zur damaligen Zeit nämlich keine Tannen, dafür aber reichlich Buchsbaum. Außerdem hatte der Buchsbaum eine besondere Bedeutung: Es hieß, er vertreibe das Böse und bringe Glück. Auf Seite 5 sehen Sie ein Modell dieses ursprünglichen „Friesenbaumes“.
Von dieser alten, heute wieder beliebten Tradition inspiriert, habe ich meine „neuen“ weihnachtlichen Fensterbäume dekoriert. Lassen Sie sich durch diese schönen Gestaltungsideen in weihnachtliche Stimmung versetzen!

Ich wünsche Ihnen beim Gestalten Ihrer Fensterbäume viel Freude

Die Grundtechnik

Material und Hilfsmittel

- **Grundgestell**
- **Schleifenbänder**
- **Holz- oder Keramikfiguren**
- **Gebäck aus Keramik oder Salzteig**
- **Holzkerzen**
- **Tannengirlande**
- **Buchsgirlande**
- **Efeugirlande**
- **Buchsbaum**
- **Früchte**
- **Efeu**
- **Ausstechformen**
- **Acrylwatte (Schnee)**
- **Flitter**
- **Heißklebepistole, z. B. UHU pistole LT 110**
- **Acrylfarben**
- **... und alles, was weihnachtliche Stimmung vermittelt ...**

Grundgestelle werden in verschiedenen Größen und Formen im Hobbyfachhandel angeboten.

❶ Das Grundgestell in Natur belassen oder mit Acrylfarben anmalen.

❷ Die Stäbe mit Tannen-, Buchs-, Efeu- oder Zederngirlande umwickeln. Die Schmuckteile mit der Klebepistole fixieren oder mit Schleifenband an die Streben hängen.

❸ Aus Bändern Schleifen binden und von beiden Seiten an die Streben, den Abbildungen entsprechend, kleben.

Amrumer Friesenbaum

Dieses ist ein traditioneller Friesenbaum, wie er auf der Insel Amrum dekoriert wird. Die Figuren sind dort noch heute erhältlich.

❶ Kerzenhalter am Bogen befestigen. Buchsbaum mit Draht am Gestell fixieren.

❷ Rosinen mit Draht auffädeln und, wie auf der Abbildung zu sehen, andrahten. Pflaumen aufkleben.

❸ Die Figuren mit roter Farbe bemalen und am Baum fixieren. Zum Schluß die Kerzen aufstecken.

Material

- Holzgestell aus Vierkantleisten, 60 cm hoch, 45 cm breit, mit vier Querstreben
- 30 Zweige Buchsbaum
- 4 Äpfel, ca. 6 cm ∅
- 8 Trockenpflaumen
- Rosinen
- Draht, 0,4 mm ∅
- 4 Tannenbaumkerzen in Weiß
- 4 Kerzenhalter
- 4 Figuren aus Mürbe- oder Salzteig, ca. 8 x 10 cm
- Bauer/ Bäuerin, ca. 8 x 20 cm
- Acryl-Mattfarbe in Rot

Schneeflocken

Material

- Grundgestell zum Aufhängen, ca. 50 cm
- 6 Holzkristalle, 5 – 9 cm
- 8 Seidenblüten, 3 cm ∅, in Weiß-irisierend
- 6 Seidenblüten, 2 cm ∅, in Weiß-irisierend
- Lärchengirlande, 1 m
- Dekoband mit Tupfen in Dunkelblau, 4 cm breit, 2x 1,30 m
- Chiffonband in Weiß-irisierend, 5 cm breit, 2x 60 cm
- Flitter in Weiß-irisierend
- Acryl-Mattfarbe in Weiß

Anleitung Seite 10

Schneemänner

Material

- Grundgestell zum Aufhängen, ca. 50 cm
- 6 Tannenzweige
- 6 Zweige rote Beeren
- Vogelhaus, 6 – 8 cm
- Vogel, 4 – 5 cm
- Schlitten, 8 cm
- Ski, 10 cm
- Chiffonband in Weiß-irisierend, 5 cm breit, 2x 90 cm
- Dekoband in Blau, 2,5 cm breit, 2x 75 cm
- Flitter in Weiß-irisierend
- Strukturschnee

2 Schneemänner aus:

- Styroporkugeln, 5 – 7 cm
- Filz in Rot
- Zylinder, 4 cm ∅

Anleitung Seite 10

Weihnachtssterne

Material

- Grundgestell zum Aufhängen, ca. 50 cm
- Tonkarton in Rot, Weinrot
- Kokospapier in Grün
- Tannengirlande, 2,5 m
- Dekoband in Grün, 2,5 cm breit, 2x 70 cm, 2x 40 cm, 2x 30 cm
- Satinband in Rot, 1 cm breit, 6x 25 cm
- Goldperlen, 6 mm ∅
- Flitter in Gold
- Acryl-Mattfarbe in Rot

Anleitung Seite 10

Christrosen

Material

- Grundgestell zum Aufhängen, ca. 50 cm
- Girlande mit Christrosen
- Tannenzweig
- Ginster in Weiß
- kleine Tannenzapfen
- Satinband in Rot, 5 mm breit, 4x 40 cm
- Acryl-Mattfarbe in Rot

Grundanleitung Seite 4

So geht's

Material

Winterkinder

- Grundgestell, ca. 54 cm hoch, 57 cm breit
- Besen, 10 cm
- 5 Winterkinder, 17 cm und 10 – 12 cm
- 2 Schlitten, 8 cm
- 2 Paar Ski, 10 cm
- Schneemann, 8 cm
- 5 Holztannen, 8 cm, 15 cm
- 2 Styroporkugeln, 5 cm, 3 cm ∅
- Acrylwatte
- Flitter in Weiß-irisierend
- Strukturschnee
- Dekoband, 4 cm breit, 2x 1,10 cm
- Acryl-Mattfarbe in Grün

Winterkinder

Abbildung rechts

Das Gestell anmalen. Styroporkugeln und Tannen mit Strukturschnee einstreichen, mit Flitter bestreuen. Acrylwatte auf den Bogen kleben. Dekoteile und Kinder der Abbildung entsprechend anbringen. Schleifen aus Dekoband binden und beidseitig fixieren.

Schneeflocken

Abbildung & Materialangaben Seite 6

Grundgestell und Holzkristalle mit weißer Acrylfarbe bemalen, Flitter auf die feuchte Farbe streuen. Den Mittelstab mit der Lärchengirlande umwickeln, die Seidenblüten festkleben. Sterne anhängen, Blüten festkleben. Schleifen aus dem Dekoband binden und beidseitig am Mittelstab fixieren.

Schneemänner

Abbildung & Materialangaben Seite 7

Tannenzweige am Mittelstab festkleben. Vogelhaus, Vogel usw. fixieren. Zweige und Schneemänner mit Strukturschnee dekorieren, mit Flitter bestreuen. Aus den Bändern Schleifen binden und beidseitig anbringen.

Weihnachtssterne

Abbildung & Materialangaben Seite 8

Aus Kokospapier Blätter reißen, aus Tonkarton nach der Vorlage Blütenblätter in verschiedenen Größen ausschneiden. Blüten zusammenkleben, mit Goldflitter und Goldperlen verzieren.

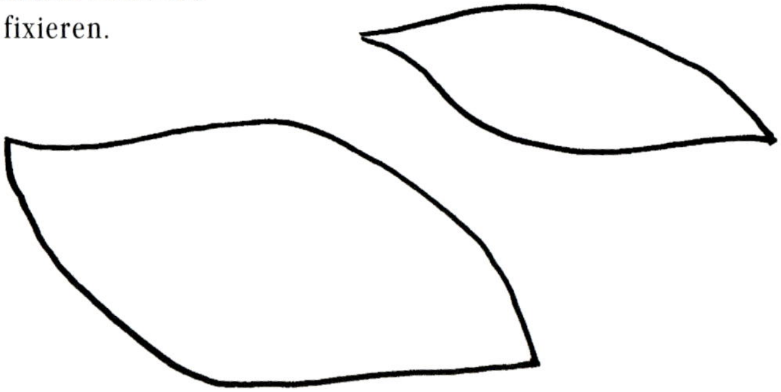

Musik liegt in der Luft

Material

- Grundgestell zum Aufhängen, ca. 50 cm
- 4 Musikinstrumente
- 2 Dekosterne, 8 cm
- Buchsbaumzweig
- 2 Lärchenzweige
- Lärchengirlande, 1,2 m
- Goldkette, 1,2 m, 8 mm ∅
- Chiffonband in Rot mit Gold, 5 cm breit, 2x 1,5 m
- Acrylfarbe in Rot

Grundanleitung Seite 4

Weihnachts-kugeln

Material

- Grundgestell zum Aufhängen, ca. 50 cm
- Tannengirlande, 2,50 m
- 4 Acrylkugeln, 7 cm, 8 cm
- Goldborte, 8 mm breit, 3 m
- Satinband in Grün, 1,5 cm breit, 2x 25 cm
- Satinband in Rot, 1 cm breit, 4x 30 cm
- Chiffonband in Rot mit Gold, 5 cm breit, 2x 1,5 m
- Acrylfarbe in Gold
- Window Color in verschiedenen Farben

Anleitung Seite 22

Weihnachts-gebäck

Material

- Grundgestell zum Aufhängen, ca. 50 cm
- 2 Buchsbaum-zweige
- 3 Lärchenzweige
- Zimtstangen
- Orangenscheiben
- Bienenwachs-herzen
- 4 Gebäckaus-stecher in Gold, 5 cm
- 2 Lebkuchen aus Keramik
- Dekoband „Weihnachts-gebäck“, 4 cm breit, 2x 1,10 m
- Satinband in Grün-Gold, 6 mm breit, 2x 70 cm, 4x 30 cm, 6x 25 cm

Grundanleitung Seite 4

Weihnachts-wald

Material

- Grundgestell zum Aufhängen, ca. 50 cm
- 4 Weihnachts-mann-Anhänger aus Holzspan
- 3 Tannenzweige
- 2 Lärchenzweige
- 4 Holzblüten, 4 cm
- 4 Holzblüten, 2,5 cm
- Dekoband „Jute“, 10 cm breit, 2x 1 m
- Dekoband „bunt“, 4 cm breit, 2x 70 cm
- Dekoband in Grün, 5 mm breit, 1 m

Grundanleitung Seite 4

Weihnachtsduft

Material

- Grundgestell, 37 cm hoch, 40 cm breit
- 2 Holzkerzen, 11 cm/16 cm hoch, 7,5 cm breit
- 5 Gebäckteile aus Keramik oder Salzteig
- Orangenscheiben
- Zimtstangen
- 2 Tannenzweige
- Perlenkette Rot, 4 mm ∅, 2x 60 cm
- Dekoband kariert, 4 cm breit, 2x 1m
- Satinband in Grün, 5 mm breit, 50 cm
- Acryl-Mattfarbe in Grün

Anleitung Seite 22

Engelchen

Material

- Grundgestell, 37 cm hoch, 40 cm breit
- 2 Keramikengel in Silber, 6 x 11 cm
- 7 Holzsterne in Silber, 2,5 cm, 3,5 cm ø
- Acrylwatte
- Flitter in Weiß-irisierend
- Dekoband in Silber mit Sternen, 4 cm breit, 2x 1 m
- Kordel in Blau, 4 mm ∅, 2x 60 cm
- Acryl-Mattfarbe in Blau
- etwas Sprüh-Klarlack

Anleitung Seite 22

Silbersterne

Material

- Grundgestell zum Aufhängen, ca. 50 cm
- 6 Sterne in Silber, 6 cm ∅
- Tüllband in Silber, 2,5 cm breit, 6x 30 cm, 1x 1m
- Dekoband in Blau mit Tupfen, 2,5 cm breit, 6x 25 cm
- Acryl-Mattfarbe in Blau

Grundanleitung Seite 4

Blaue Engel

Material

- Grundgestell zum Aufhängen, ca. 50 cm
- 4 Holzengel in Blau, 9 cm, 12 cm
- 2 Musikinstrumente, 9 cm
- Sternengirlande, 1,5 m
- Marabufedern für Engelswolke
- Holzsterne
- Tüllband in Weiß mit Tupfen/ Sternen, 8 cm breit, 2x 1 m
- Dekoband in Blau mit Goldsternen, 2,5 cm breit, 2x 1 m
- Acryl-Mattfarbe in Blau, Weiß

Grundanleitung Seite 4

Weihnachts-maus

Material

- Grundgestell zum Aufhängen, ca. 24 cm
- Tannengirlande, 1,5 m
- 3 Streuteile, 3 cm
- 3 Mäuse, 4 cm
- Dekoband in Blau-kariert, 2,5 cm breit, 2x 1 m

Anleitung Seite 22

Fröhliche Weihnachten

Material

- Grundgestell zum Aufhängen, ca. 24 cm
- Tannengirlande, 1,5 m
- 3 Streuteile, 3 – 5 cm
- 2 Holzkinder
- Dekoband in Rot, 1,5 cm breit, 2x 80 cm
- Dekoband in Rot-Blau-kariert, 0,5 cm breit, 2x 50 cm

Anleitung Seite 22

Goldkugeln

So geht's

Material

- Grundgestell, 57 cm hoch, 50 cm breit
- Tannengirlande, 3 m
- 4 Tannenzweige
- 5 Seidenblüten, 2 cm ∅
- 8 Wattekugeln, 3 cm/4 cm ∅
- Schneemann, 10 cm
- Wachsschnur in Gold, 8 m
- Perlenkette in Gold, 4 mm ∅, 8 m, 3 m
- Dekoband in Champagner/ Gold, 4 cm breit, 2x 1 m
- Chiffonband in Gold, 1,5 cm breit, 6x 60 cm
- Satinband in Gold, 3 mm breit, 1 m

Goldkugeln

Abbildung rechts
Die Wattekugeln mit Wachsschnur und Perlenkette umwickeln, mit Goldband aufhängen. Das Grundgestell mit Tannengirlande und Perlenkette umwickeln. Tannenzweige festkleben, die Blüten darauf dekorieren. Zwei Kugeln, den Schneemann und den Tannenzweig auf dem Fuß anbringen. Aus dem Dekoband Schleifen binden und rechts und links am Bogen fixieren.

Weihnachtskugeln

Abbildung & Materialangaben Seite 13
Acrylkugeln mit Window-Color-Farben verzieren, die Naht mit Goldborte umkleben. Den Baum der Abbildung entsprechend dekorieren.

Weihnachtsduft

Abbildung & Materialangaben Seite 16
Gestell anmalen. Holzkerzen festkleben. Die Dekoteile der Abbildung entsprechend anbringen. Schleifen aus dem Dekoband und der Perlenkette rechts und links fixieren.

Engelchen

Abbildung & Materialangaben Seite 17
Das Grundgestell in Blau anmalen, die feuchte Farbe mit Flitter bestreuen. Sterne der Abbildung entsprechend festkleben. Acrylwatte mit Klarlack besprühen und ebenfalls mit Flitter bestreuen. Daraus Wolken formen und auf den Querstreben fixieren. Auf den Wolken die Engel anbringen. Aus Dekoband und Kordel Schleifen binden, auf beide Seiten des Fußes kleben.

Weihnachtsmaus/ Fröhliche Weihnachten

Abbildung & Materialangaben Seite 20/21
Die Girlande um die Stäbe wickeln. Die Dekoteile den Abbildungen entsprechend fixieren. Schleifen aus Dekoband beidseitig ankleben.

Baum in Weiß-Gold

Material

- **Grundgestell zum Aufhängen, ca. 24 cm**
- **6 Keramikfiguren, 5 cm**
- **Zederngirlande, 1,5 m**
- **Dekoband in Gold, 1 cm breit, 1,50 m**

Grundanleitung Seite 4

Baum mit Engeln

Material

- Grundgestell zum Aufhängen, ca. 24 cm
- 2 Engel, 5 – 6 cm
- Kieferngirlande, 1,5 m
- Dior-Röschen in Gold, 1 cm ∅
- 2 Musikinstrumente, 4 cm
- Dekoband in Grün, 2,5 cm breit, 2x 75 cm
- Dekoband in Bordeaux-Gold, 2,5 cm breit, 2x 50 cm

Grundanleitung Seite 4

Schlittenfahrt

Material

- Grundgestell, 37 cm hoch, 40 cm breit
- 6 Schneemänner auf Schlitten/mit Besen, aus Holz
- Vogelhaus, 5 cm
- 3 Vögel, 2 cm
- Schlitten, 8 cm
- Lampe, 4 cm
- Chiffonband mit Kristallen, 5 cm breit, 2x 1,20 m
- Acrylwatte
- Flitter
- Klarlackspray
- Acryl-Mattfarbe in Grün, Weiß, Rot, Gelb, Blau, Schwarz

Anleitung Seite 28

Schneemänner

Material

- **Grundgestell zum Aufhängen, ca. 24 cm**
- **2 Schneemänner aus Holz, 8 cm**
- **4 Streuteilchen, 3 cm**
- **Acrylwatte**
- **Dekoband in Blau-kariert, 2,5 cm breit, 2x 1m**

Grundanleitung Seite 4

So geht's

Santa Claus

Material

- **Grundgestell, ca. 54 cm hoch, 57 cm breit**
- **Weihnachtsmann, 18 cm**
- **Schlitten, 16 cm**
- **7 Päckchen**
- **2 Rentiere, 10 cm**
- **3 Engel, 4cm, 8 cm**
- **Stern in Rot-Gold, 6 – 7 cm ∅**
- **Tannenzweig**
- **Lampe, 6 cm**
- **Juteband in Rot, 10 cm breit, 2x 1m**
- **Satinband, bunt, 4 cm breit, 2x 75 cm**
- **Flitter in Gold**
- **Acrylfarbe in Grün, Gold, glänzend**

Santa Claus

Abbildung rechts
Das Gestell grün anmalen, Flitter auf die feuchte Farbe streuen. Die Engel und Rentiere in Gold anmalen, auch mit Flitter bestreuen. Alle Deko-Teile der Abbildung entsprechend fixieren. Den Weihnachtsmann können Sie aus einer Styroporkugel, Strickschlauch und den entsprechenden Accessoires selbst basteln.

Schlittenfahrt

Abbildung & Materialangaben Seite 26
Das Gestell grün anmalen, auf die feuchte Farbe Flitter streuen. Die Schneemänner der Abbildung entsprechend anmalen und ebenfalls mit Flitter bestreuen. Acrylwatte festkleben, mit Klarlack besprühen und auch mit Flitter verzieren. Alle Deko-Teile der Abbildung entsprechend festkleben. Aus Dekoband Schleifen binden und beidseitig fixieren.

Baum in Blau-Gold

Material

- Grundgestell mit Fuß, ca. 50 cm
- 9 Weihnachtsanhänger in Blau-Gold
- Tannenzweige
- Zierzweig mit Schneebeeren
- Dekoband in Blau-Gold, 2,5 cm breit, 1x 90 cm, 1x 75 cm, 1x 60 cm, 1x 40 cm
- Acryl-Mattfarbe in Blau, Weiß

Grundanleitung Seite 4

Baum in Rot-Grün

Material

- Grundgestell mit Fuß, ca. 50 cm
- Tannengirlande, 2 m
- 11 Holzblüten, 4 cm, 2,5 cm
- 3 Figuren aus Patchworkstoff
- Goldkordel, 8 mm breit, 2x 30 cm
- Dekoband in Grün, 4 cm breit, 2x 50 cm
- Dekoband in Rot, 1,5 cm breit, 2x 50 cm
- Acryl-Mattfrabe in Rot

Grundanleitung Seite 4

Neben dieser Auswahl aus der Brunnen-Reihe haben wir noch viele andere Bücher im Programm:

Hobby- und Bastelbücher, Bücher zum Spielen und Lernen mit Kindern, Ratgeber-Bücher für Eltern

Wir informieren Sie gerne - fordern Sie einfach unsere neuen Prospekte an.

3-419-55995-X

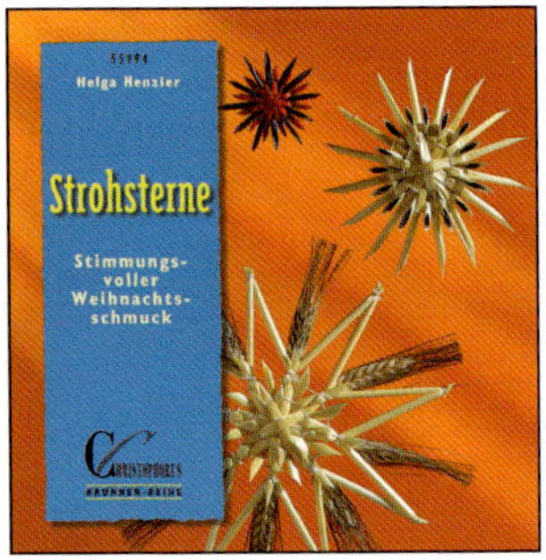

3-419-55994-1

3-419-55921-6

3-419-55916-X

3-419-55915-1

Wir sind für Sie da, wenn Sie Fragen zu AutorInnen, Anleitungen oder Materialien haben.
Und wir interessieren uns für Ihre eigenen Ideen und Anregungen. Faxen, schreiben Sie oder rufen Sie uns an.
Wir hören gerne von Ihnen! Ihr Christophorus-Verlag

CHRISTOPHORUS
Bücher mit Ideen

Hermann-Herder-Str. 4 / 79104 Freiburg i. Breisgau

Tel: 0761/2717-0 oder Fax: 0761/2717-352